مصر من يوليو 1952 إلى يوليو 2010

حوار مع طارق البشري

حاوره/ ممدوح الشيخ

الكتاب: حوار مع طارق البشرى

المؤلف: ممدوح الشيخ

ممدوح الشيخ (تعريف):

- ممدوح الشيخ

- مفكر

- نشر له مئات المقالات والدراسات في عشرات الدوريات العربية.

- صدر له أكثر من عشرين مؤلفاً في القاهرة وبيروت ومسقط.

- نال جوائز مصرية وعربية في الشعر والمسرح والرواية.

عبارات من الحوار:

لن يزيح الظالم إلا المظلوم نفسه..الاستعانة

بالخارج هوان على النفس..ومن يفكر هكذا لا

يستحق الحرية!!

لم أشعر يوما أن الدين من علامات التخلف....والغنى المسرف غير منطقي وغير معقول وغير مبرر!

إجراءات التأميم والتمصير كانت مبررة وشرعية ولم يكونا عدوانا على الملكية الخاصة

البشرى عن المراجعة الفكرية: إذا اختلف في يدك الميزان فيجب أن تعيد وزن كل ما وزنته من قبل حتى لا تتناقض مع نفسك

في عز علمانيتي كان عندي أشياء لا تدخل في هذا الإطار: الرزق والعمر والصحة!

في أثناء المراجعة والتحول أيقنت كمؤمن أن هداية الله هي الحل والفيصل

بعد يوليو 1952 كان هناك إقرار بأن الدين أساسي في التجربة لكن مراعاة الاجتماعية ... ومشروع يوليو كان منتبها لدور الدين فاختلف بعكس الحركة الشيوعية وأنظمة أخرى عربية العروبة في مصر بعكس الشام ظهرت من عباءة الإسلام

كان إحساسي بمثالب تجربة الخمسينات والستينات هو نفسه.. وكنت آمل أن يعالج النظام أخطاءه

أنا اليوم أقل إدانة لبيان 30 مارس وأصبحت أقدره تقديرا أفضل باعتباره مؤشرا على رغبة في التغيير

أيقنت بعد يونيو 67 أن المشكلة هي في "السلطة القابضة" والموقف من الدين والحركة الإسلامية

بالتفكير في أهمية الزخم الشعبي وأن تصون الدولة مؤسساتها أدركت أنه لابد من إدخال الدين في المعادلة

على اليسار أن يراجع الموقف من الدين والموقف من اليسارية كأيديولوجيا ومرجعية في ذاتها

موقف كثير من اليساريين من الدين لا يزل ثابتاً رغم تغير موقفهم من موضوعات أخرى سياسية واقتصادية.... وهذه مشكلة!!

سألناه عن الرقابة الدولية على الانتخابات فقال: ما لم تحصل على حقك بيدك فلن تحصل عليه...

ومن تستعين به لأنه أقوى منك سيكون هو حاكمك!

فى الثمانينات شهد التجمع حوارا حول الموقف من الإسلاميين والاتجاه الذى تغلب فى النهاية هو الذى رفع شعار "الدفاع أولا عن عقل مصر"...وأن الدفاع عن عقل مصر يستوجب الوقوف ضد الحركة الدينية ويسبق أى موقف سياسى

الإخوان المسلمون دائما قدرتهم أكثر من حركتهم وفعلهم على مدى تاريخهم وهذا عيب قديم ولم يزل

السلطة في مصر بقيت 6 أشهر معروضة في الطريق حريق القاهرة حتى 23 يوليو 1952 ولم يفكر الإخوان ولا الاشتراكيون ولا الوفد في أخذها

التصوف الحلولي تفلسف وليس تصوفا!!!

سألناه عن باب الأمل في الأزمة الحالية فقال:

"لله في كل نـفَـس ألف فرج"

يشغل المستشار طارق البشري موقعا مهماً في ثقافتنا العربية المعاصرة، وهو بسمته الهادئ الوقور صوت مسموع وقامة كبيرة، مؤرخاً ومفكراً وداعية إصلاح سياسي. وإذا كان عمله بالقضاء قد منحه لقب "**المستشار**".

فإن تركه منصة القضاء قد حرره من قيود يوجبها المنصب الرفيع، ليفتح أمامه باباً واسعاً لأن يضيف إلى كتابه الزاخر بالعطاء الفكري صفحة جديدة هي صفحة "**داعية الإصلاح السياسي**"،

وهو مقام نرى أنه ـ رغم التقدير الشديد لمكانة القضاة ـ الموقع الأرفع!

وقد أخذ طارق البشري من القضاء سمات صارت ـ بطول الملازمة ـ صفات لصيقة بالرجل. وهو دخل عالم التأريخ بأدوات القاضي، وخاض بحار الفكر بحس الإصلاحي فتأثرت اختيارته ورؤاه إلى حد كبير بحس إنساني عميق، فلم يكن أبداً محايداً ولا أداتياً.

ومن تقاليد عريقة تشرَّبها طارق البشري من مدرستي:

العائلة

والقضاء.

أخذ صفة إنكار الذات، وقد بحثت طويلاً عن مصادر تتناول حياة الرجل فوجدتها نادرة

ندرة ملفتة حتى التقيت الرجل وسألته فقال لي إنه لم يكتب سيرته الذاتية ولا يفكر في كتابتها، معتبراً أن كتابتها تحتاج إلى قدر من حب الذات لا يجده في نفسه.

وقد لفت نظري أنه في مقال نشر بمجلة "**الهلال**" الثقافية الشهرية المصرية عبَّر عن الفكرة نفسها. كان المقال استجابة لطلب المجلة من عدد من المفكرين ليكتبوا تحت عنوان "**التكوين**"، فاستهل المقال بقوله:

"يصعب الحديث عن "**التكوين**" دون أن يمتد الكلام إلى الذكريات، ولا زلت رغم تقدُّم السن بي معلق البصر بالمستقبل وما يصلح به وما ينبغي فعله، وهذا التوجه لا يتلاءم مع الالتفاف إلى الماضي واستدعاء الذكريات. ولا

تزال أجهزة الاستقبال لدي أقوى من أجهزة الإرسال".

ويستطرد البشري:

"ومن ناحية أخرى لم أعتبر التفكير في نفسي، أرى ذلك نوعا من إطالة النظر في المرآة مما لا أحبه. والموقف المثالي في ظني أن ننظر في شأن آخر، أي أن "تفنى" (بتعبيرات الصوفية) في موضوع تدرسه أو عمل تؤديه، حتى وإن كان عملا يدويا. ومن باب أولى لا أسيغ الحديث عن نفسي، يركبني الحياء وأشعر بعدم الجدوى، وأني أستنفد جهدي ووقت الآخرين فيما لا ينفع".

(مجلة الهلال – مايو – 1991).

وفي هذا الحوار مع المستشار طارق البشري نبدأ من الإنساني الخاص وننطلق منه إلى الوطني والعام.

نص الحوار

- **كيف تصف محيط الأسرة ودوره في تكوين طارق البشري؟**

أولاً: نحن أسرة مهنية ننتمي لهذه الشريحة الاجتماعية المهنية، بمعنى أنها تعمل بخبرتها المهنية والفنية ترتزق من هذه الخبرة، ولذلك كان أبي معنا وأنا مع أبنائي يشغلنا دائما كيفية تربية **"مهني جيد"** وهي مسألة مستهدفة ومتضمنة في مختلف عمليات التربية والتكوين.

والجيل الذي تربينا فيه لم يكن يرى العمل مجرد مصدر للرزق، وكثير من المدرسين الذين علمونا وكثير ممن قابلناهم في الحياة كان لديهم هذا البعد وبخاصة تحقيق الذات، رغم أن حالتهم المادية ليست ميسورة جدا، ومعظم معلمينا كانوا من محدودي الدخل. وجزء أساسي من تكويني جاء من هذين المصدرين.

وهذا مما مكنني من أن أنظرة نظرة نقدية للمسار الفكري، أي أن التمركز حول المهنة أفادني في عملي القضائي فيما بعد، وفي كيفية أتفاعل مع هذا المحيط المهني. وعملي القضائي أعطاني الفرصة للتواصل مع معظم أجهزة الدولة من وزارة الداخلية والخارجية إلى الزراعة والصناعة.

- **<u>فماذا عن الأب السيد عبد الفتاح البشري؟ وماذا تعلمت منه؟</u>**

* الوالد كان قاضياً متخرجاً من كلية الحقوق كان يحب العمل بالمحاماة وفضل القضاء لأن به درجة ما من ضمان الدخل الثابت وتوفي وهو رئيس محكمة.

تعلمت من أبي الاستقلالية في الرأي والفكر والزهد في زخرف الحياة والاهتمام الشديد بالعمل. وهو كان من الجيل الذين عاصروا ثورة 1919 وهم شباب وخاض غمار الثورة، وكان لديه دائماً نظرة هذا لجيل ولم يمنتم لأي حزب سياسي.

- **فكيف أمكنه التوفيق بين جذوره الأزهرية وميوله الوفدية؟**

* لم يكن هناك تناقض بين الأمرين على الإطلاق فالجانب الإيماني فيه كان قويا جدا، والوفد لم يكن داعية للعلمانية وكان يقبل أصحاب المرجعيات المختلفة وكان همه الاستقلال والديموقراطية.

● **فكيف ومتى تفتح وعيك السياسي والثقافي؟**

* في البداية تفتح إدراكي العام السياسي والثقافي في الأربعينات، ومع نهاية الحرب العالمية الثانية بدأت أهتم بالشأن العام. ولم تكن قضية الانخراط في ذهني بل كنت متابعاً ومن أسباب هذا أنني بحكم الانتماء للعائلة كنت أفهم أن

يكون لي موقف فكري دون الانخراط ولم أشعر أن هذا قيد علي عندما عملت بالقضاء.

في البداية كنت أقرأ بكثرة في الأدب قرأت للعقاد وطه حسين توفيق الحكيم والمازني وغيرهما.

وجاء بعد هذا المتنبي وأبو العلاء المعري وأحمد شوقي وحافظ إبراهيم وإبراهيم ناجي وكنت ذا مزاج تقليدي (كلاسيكي) في اختياراتي الأدبية. ولم يكن لي نشاط رياضي ولا اجتماعي أبدا. وكنت مؤمناً بالعمل المهني وعمقه الرسالي، وكان هذا من أسباب حرصي على تكوين نفسي مهنياً، ولم يكن يعني أن لدي أي تصور لأن يكون لي إنتاج سوى العمل القضائي.

• فأين كان موقعك فى المشهد العام آنذاك؟

* كنت في الاتجاه الوطني العام دون ميل يساري. وتطورات المسار الفكري هي التي أخذتني نحو اليسار. والموضوع بدأ بالحركة الوطنية حيث الاستعمار ليس مجرد وجود عسكري بل نظام للنهب والاستغلال الاقتصادي. والاهتمام بالجانب الاقتصادي في تفسير الأحداث التاريخية يرجع الفضل في الاهتمام به لليسار، رغم أنني لا أوافقهم الرأي في أنه في النهاية العامل الوحيد.

والعدالة الاجتماعية كانت مشكلة كبيرة. ولم أشعر أبدا أن يكون هناك شخص لديه مثل هذه الثروة. ونهب الوطن على يد الأجنبي لا يتناقض

مع الفوارق الطبقية. والتفسير اليساري في حالات تاريخية كثيرة يكون فعالاً.

الغنى المسرف غير منطقي وغير معقول وغير مبرر، ولا أستطيع التفرقة بين المطلق وبين مصدر الثروة، ولا أفهم أن يحصل شخص بجهده على تراكمات ضخمة على ثروة كبيرة بشكل أمين دون أن يكون فيه عدوان على آخرين.

- **لكن هذا عدوان افتراضي؟**

* لدينا في القضاء قاعدة – وهي قاعدة فقهية أيضاً – تقول: العام ظني الدلالة في عمومه والخاص قطعي الدلالة في خصوصه. وعند الحكم على حالة أن تعتمد اليقين.

- **فهل كانت إجراءات التأميم والتمصير بهذا المعنى مشروعة؟**

* إجراءات التأميم والتمصير كانت مبررة وشرعية. وهو لم يكن عدواناً على الملكية الخاصة.

- **فكيف سار مشوار طارق البشرى القاضي بين العام والخاص؟**

* كان عملنا في مجلس الدولة مهنياً وكنت أقرأ فقط وكانت قناعاتي واضحة فكنت ذا ميل يساري وكان للأدب الصوفي دور مميز في تكويني الوجداني. ولحوالي عشرة أعوام كان تفكيري علمانياً وكنت أقرأ أدباً صوفياً وتأثرت

بصفة خاصة بجلال الدين الرومي وفريد الدين العطار.

والبداية أنني كنت أقرأ في التاريخ وأنا علماني وقرأت كتاباً لزكي مبارك فأرشدني لنقطة مهمة هي أن التصوف هو البناء الوجداني في الإسلام.

- **وماذا عن التصوف الحلولي كابن عربي وغيره؟**

هذا تفلسف وليس تصوفاً!!

وفي المرحلة العلمانية كانت قراءتي الصوفية مستمرة، وهذا أنظر إليه الآن بدهشة هل كان احتياجاً قلبياً؟

وبصفة عامة كنت مهنيا مكتفيا بالقراءة والمتابعة. وبدأت أكتب من 1963 في مجلات **روز اليوسف والطليعة والكاتب**، وكنت أحضر اجتماعات مجلتي **الطليعة والكاتب** التي تقرر فيها الموضوعات.

• فهل أسهمت كتب معينة في تكوينك الفكري؟

* لا توجد كتب محددة، لكنني كنت أحدد موضوعات، فقرأت في التاريخ المصري بشكل واسع والتاريخ العربي، والاقتصاد والفلسفة والرواية والأدب عموماً، وكنت أتابع المسرح والسينما وأستمع للموسيقى الكلاسيكية التي جذبتني جداً.

● **فأين كنت في يونيو 1967؟ وكيف بدأت المراجعة الفكرية؟**

* كنت في مجلس الدولة مستشار مساعد في إدارة الفتوى في قطاع الصناعة والبترول وقسم الفتوى مقسم نوعياً. والمراجعة بدأت بعد النكسة وكانت جرحاً كبيراً. من شأن مثل هذه الأحداث أن يكون أثرها على مراحل، ووقت الهزيمة كنت أقرب لعدم التصديق، وكنت أوحي لنفسي بوجود أسباب عارضة.

ثم مع الوقت اقتنعت بأن الأمر أكبر من ذلك. ووقتها كنت أعمل في كتاب الحركة السياسية. وكنت أذهب لدار الكتب كثيراً.

ومع مناقشات بين المثقفين لا تنتهي بعضها ثرثرة، وفيها تنتقل من حالة يقينية إلى حالة يقينية أخرى ومن ترجيحات لترجيحات أخرى، وهناك شيء مهم، فعندما تكون هناك فكرة أساسية توضع موضع المراجعة تقف أمامك سلسلة من الأحكام التفصيلية التي كنت وصلت إليها، في أحداث التاريخ، والوقائع المعاصرة، وأحكام على المؤرخين، والكتاب والشعراء....وأشياء كثيرة جداً.

لابد أن تراجع مع نفسك كل هذا.

• <u>وماذا بعد إعادة وزن الموزون سابقاً؟</u>

* إذا اختلف في يدك الميزان فيجب أن تعيد وزن كل ما وزنته من قبل، حتى لا تتناقض مع نفسك، وأنا أخذت من العمل القانوني شيئاً، هو أن أبتعد عن التناقض لأنه شيء سيء، ففكرة الاتساق أساسية وقد أصبحت عادة عقلية.

وأحياناً عندما تخرج من مرجعية فكرية لمرجعية فكرية أخرى، تمر بمرحلة لا تكون هذه فقدت وجاهتها تماماً ولا تلك اكتملت جاذبيتها لك، فتصبح كأنك بين جاذبية كوكبين. وفي هذه اللحظة أيقنت كمؤمن أن هداية الله هي الحل والفيصل.

وقد ساعدني على التمهل أنني لست كاتباً محترفاً، فليس مطلوباً مني أن أكتب بشكل دوري، ولي عملي الذي يرضيني مهنياً وثقافياً، والجانب المهني عندي شغل جانباً كبيراً من حياتي.

ومعايشة فئة معينة له أثر، وأكثر فئة احتككت بها وتأثرت بها هي رجال مجلس الدولة، ورجال قانون ومهنيين من تخصصات مختلفة حسب الوزارة التي أعمل في القطاع المتصل، وهذا مع مرور الزمن يترك أثراً غير مباشر.

• فما المؤثرات التي جاءت من عالم الفكر؟ وما المؤثرات التي جاءت من تقاليد القضاء؟

* أنا كنت أعمل في القانون كمهني وفي الكتابة كمؤرخ وبدا لي أنهما منفصلان، ثم اكتشفت بعد فترة طويلة أنهما غير منفصلين، وأنني حين أعمل في التاريخ أبحث عن عمل المؤسسات،

والعمل المؤسسي كما هو الحال في كتابي "**المسلمون والأقباط**". هذا انعكاس لذاك.

وكذلك فكرة الشرعية وتأثيرها في الجانب السياسي وجدت أن قضايا عديدة ما كنت لأهتم بها بهذه الطريقة لو لم أعمل بالقانون، أي أنه تـَّكون لدي حس معين، والعكس بالعكس. ففي عملي القانوني هناك مناهج في تفسير النصوص درسناها بينها أصول الفقه، وجميع رجال القانون التطبيقيين متأثرون بمناهج أصول الفقه. وقد اكتشفت أن تاريخ النص وتأثيره على الفهم قادم من التاريخ.

وهكذا أصبح هناك تأثيرات غير منظورة بين المجالين، وهذا اكتشفته متأخراً.

والمراجعة بدأت أثناء كتابة كتاب "**المسلمون والأقباط**"، ويبدو هذا واضحاً جداً في الفصل الأخير من الكتاب الذي كتبته في ظل

الوضع الجديد. كتاب "الحركة السياسية" انتهيت منه سنة 1970، ونشرته عام 1972، وكان هناك خوف من نشره.

والفضل في نشره يرجع إلى رجل محترم هو الدكتور أحمد نجيب هاشم وكان وزير تربية سابق ومؤرخ محترم قرأ الكتاب وكتب فيه تقريراً.

وكان مفروض يعاد طبعه بعد 1972 وقررت أن أكتب مقدمة جديدة أقرأ فيها الكتاب كما لو كان لغيري، ولم أغير في نصه لأنه "تعلق به حق القارئ".

- **فمتى نضجت الرؤية الجديدة وكيف خرجت ثمرتها لأول مرة؟**

* أول كتابة في إطار التوجه الجديد كانت مقالة في **مجلة العربي** الكويتية عن رحلة التشريع الإسلامي في مصر، ولا أذكر تاريخاً بالضبط وغالبا مطلع الثمانينات.

• فهل كان البدء بالكتابة عن التشريع صدى لموقف جديد من الدين بعد المراجعة؟

* في عز علمانيتي كنت علمانيا في الفكر السياسي والاجتماعي وكان عندي شيئين لا يدخلان في هذا الإطار: الرزق والعمر والصحة، لكن في أمور الحياة بشكل علماني.

• فما أول قضية شغلت طارق البشري دون منازع أو منافس؟

* أول قضية فكرت فيها كانت الاستقلال، وأنا رجل استقلالي، وقد تدرجنا آنذاك من السعي للاستقلال السياسي، إلى الرغبة في استكماله بالاستقلال الاقتصادي، ثم شعرنا أن القطرية لا تكفي فجاءت أهمية فكرة العروبة، هكذا كانت الدائرة تتسع.

في الجانب الفكري جاءت فكرة النظر إلى الدين باعتبار أنه الضامن الحقيقي لهذا الاستقلال كله، فلا استقلال سياسي دون استقلال اقتصادي ولا استقلال اقتصادي دون استقلال فكري، ولا استقلال فكري دون إدراك "الأنا"..من أنا؟

ولم يكن ما يشغلني ما أتوجه به للشارع، وما كان يشغلني هو مرتكزات الأنا، فأنا مجموعة من المكونات الثقافية وهو ركن من أركان للاستقلال وليس شرطاً من شروطه.

● **فكيف كانت صلتك بالثقافة الإسلامية في المرحلة التي كنت فيها علمانيا؟**

* في الفترة العلمانية أيضا كان هناك أنني لم تنقطع صلتي بالفقه الإسلامي من موقع مهني وهذا الجانب كان يحل لي مشكلة مهمة هي أنني لم أشعر يوما أن الدين من علامات التخلف، ولم تكن عندي أي مشكلة في تجديد الفقه الإسلامي، لأنني كنت أعرف أدواته. لكن ما جاء تالياً هو سؤال:

هل هناك حركة إسلامية فيها تجديد أم لا.؟

ولم أفكر أبداً هل يمكن التجديد في الفقه الإسلامي أم لا لأنني كنت أعرف أدواتها وميكانيزماتها وإمكانياتها، ولكنني كنت أبحث عن تحققها في الحركات الإسلامية.

● فهل تغير ترتيب الأولويات بعد نكسة يونيو 1967؟

* نعم كان هناك مشكلة...فقد كان هناك إقرار بأن الدين عنصر أساسي لكن مراعاة لقوته في المجتمع، وهذه كانت مجال مناقشات واسعة، وهناك مجموعة كنا نجتمع باستمرار ونناقش هذا الأمر. ومشروع يوليو كان منتبهاً إلى دور الدين، وهذا فارق هام بينه وبين الحركة الشيوعية، وبينه وبين أنظمة أخرى عربية، وكان يعين مشايخ

محترمين للأزهر، ولم يكن يخشى استخدام الإسلام ضده.

لكن يظل أنها بقدر ما كانت تفتقر للتنظيمات الشعبية كان يفتقر للبعد الفكري. وكان هناك غياب للعمق وهذا مفهوم في الدولة، لأن الحاكم بسبب طبيعة عمل "ماكينة الدولة" يفكر في الموضوعات ذات المردود العاجل.

- **فهل كان هناك مشكلة في الصلة بين الرابطتين الدينية والوطنية قبل 1967؟**

كان هناك اتجاهان في السياسة المصرية:

وطني علماني – وطني إسلامي، يمثل الأولى بالأساس الأحرار الدستوريين وجزء من قيادة الوفد والحركة الماركسية.

ويمثل الثاني: الحزب الوطني القديم (مصطفى كامل ومحمد فريد) وما بقي منه من مجموعات راديكالية، ومصر الفتاة والإخوان المسلمين. وبهؤلاء تأثر الضباط الأحرار.

والعروبة في مصر بعكس الشام ظهرت من عباءة الإسلام، بينما كانت هناك انسلاخاً عن الدولة العثمانية، وأول دعاة للعروبة في مصر مثل: أحمد زكي وعبد الحميد سعيد كانوا أصلاً من تيار الحزب الوطني أو تيار إسلامي قومي. والفرق حدث في الخمسينات بوصول تأثير حزب البعث لمصر والفرق كان يتعلق بالشريعة

بالأساس.

- **فكيف كان موقفك من نظام يوليو بدقة؟**

* كنت أؤيد نظام يوليو على مضض وكنت أعارضه على مضض. وقد كان هناك نقطة أساسية هي أن إحساسنا بمثالب تجربة الخمسينات والستينات كان هو نفسه، لكن كان لدينا أمل في أن يعالج النظام أخطاءه، كجزء من معركته، كما أقول الآن إن التنمية الآن توجب إصلاح النظام مثلاً.

- **فهل استبشرتم ببيان 30 مارس كخطوة نحو الإصلاح؟**

بيان 30 مارس استقبلته وقتها بأنه لم يأت بجديد، وأنه لا ينبئ عن تغييرات حقيقية، ويهيئ الناس لبقاء الأوضاع على ما هي عليه. واليوم رأيي مختلف، وأنه كان فيه نوع من التحدي لوجود إصلاح للجيش للإعداد للمعركة، وكانت جادة بدليل ما حدث في 1973، لأنه ينتمي لفترة سابقة، وليس لفترة السادات.

وأنا اليوم أقل إدانة لبيان 30 مارس وأصبحت أقدره تقديراً أفضل باعتباره مؤشراً على رغبة في التغيير.

- **فكيف كنتم كمثقفين ترون الإصلاح وضروراته وأولوياته؟**

* كنا نسأل أنفسنا ما الذي ينقصنا لننجح، وكان هناك استقلال وعروبة وسيطرة على الاقتصاد، فما الذي ينقصنا. كان هناك تساؤل عن آثار "**السلطة القابضة**". والموقف من الدين الحركة الإسلامية. وبمجرد أن فكرنا في أهمية الزخم الشعبي وأهمية أن تصون الدولة مؤسساتها، لابد من إدخال الدين في المعادلة.

وأذكر عام 1980 أن **مركز دراسات الوحدة العربية** نظم ندوة عن القومية العربية والإسلام، وكانت الأولى في الموضوع، وكان موضوعي "**الخُلف بين النخبة والجماهير في العلاقة بين القومية العربية والإسلام**".

وآخر كلمة كتبتها في الموضوع كانت:

"إن قادما من القاهرة يقول إنه لا يحفظ على المصريين عروبتهم اليوم إلا الإسلام".

وهذا استقاء من الواقع الحاصل.

- **<u>لكن كل الأنظمة القومية ضربت الإسلاميين؟</u>**

* ولهذا لم تنجح. لا في حفظ نظمهم ولا في مواجهة الخارج. والتوافق بين السلام والعروبة سيحدث والحركة الإسلامية لم تنظر للعروبة كعدو لكن بعض العروبيين فعلوا، وهذا ليس سببه عروبيتهم بل علمانيتهم، وهم بحثوا جامعة بشرط ألا تكون الإسلام.

● فماذا عن الوجه الآخر للمراجعات أي ما الذي ترى أن على اليسار – موقعك السابق أن يراجعه؟

* الموقف من الدين، والموقف من اليسارية كأيديولوجيا باعتبار أنها مرجعية في ذاتها، وهي ليست مرجعية في ذاتها. واليسارية فعلت شيئاً مهماً جداً في السياسة على مدى الأربعينات والخمسينات، هو أنها بينت لنا العنصر الاقتصادي وتأثيره وهو تأثير كبير وقوي. والتصنيفات المجتمعية لابد أن تشمل – إلى جانب الطوائف والقبائل والحرف – الطبقات.

وهي ركزت على هذا تركيزا مهما ويجب أخذه في الاعتبار عند فهم المجتمع. لكن اليساريين عندما اعتبروه التقسيم الوحيد ومصدر المطلقات

أصبح أيديولوجيا. وهو دون شك أساسي لكنه ليس الوحيد، وهو في مرحلة تالية يؤدي للمادية.

وموقف كثير من اليساريين من الدين لا يزل ثابتا رغم تغير موقفهم من موضوعات أخرى سياسية واقتصادية، وهذه مشكلة.

عام 1987 كان التجمع يصدر "نشرة داخلية" تطبع على الاستنسل وتوزع توزيعاً محدوداً لمناقشة القضايا الداخلية أصدر منها 7 أعداد حول: **الموقف من الإسلاميين**، والاتجاه الذي تغلب في النهاية هو الاتجاه الذي رفع شعار **"الدفاع أولا عن عقل مصر"**، وأن الدفاع عن عقل مصر يستوجب الوقوف ضد الحركة الدينية، وهو يسبق أي موقف سياسي.

● فهل هناك مشكلة لدى النخبة الآن في ترتيب الأولويات؟

* كانت مشكلتنا في مطلع القرن العشرين هي التساؤل: هل ما نواجهه أولاً الاستعمار أم الاستبداد؟ وانقسمنا ولم يجمعنا إلا ائتلاف الهدفين على قاعدة الجمع لا التنافي، وهذا حدث في 1919 و1952. وهذا ليس فقط ممكناً بل الممكن الوحيد الذي لا خلاص إلا به، وأرى أن من الممكن جمع القوى الوطنية وهناك ما يجمع الكل.

● فكيف ترى قضية مثل الرقابة الدولية على الانتخابات؟

* ما لم تحصل على حقك بيدك فلن تحصل عليه.

• وماذا عن الاختلال في التوازن بين السلطة والشعب؟

* من تستعين به لأنه أقوى منك سيكون هو حاكمك. ولابد من قوى شعبية لحماية النزاهة. والمجتمع الدولي لا يريد منك إلا التجديد في الوجوه لتنفيذ نفس السياسات القائمة. ولن يزيح الظالم إلا المظلوم ذاته. والاستعانة بالخارج نوع من الهوان على النفس ومن يفكر بهذا الشكل لا يستحق أن يتحرر، ليس من حقه أن يتحرر.

● فما الأجندة الإصلاحية التي ترى أنها كفيلة بالخروج من المأزق الراهن؟

* البداية في حركة شعبية منظمة تنظيمات قادرة على تجميع الناس من مجالات مختلفة وعلى تحريكهم باتجاه سياسي يتعلق بتحرير الإرادة السياسية من إملاءات الخارج ثم ستجد كفاءات تحدد لك كل ما يجب فعله في كل المجالات.

وجهاز الدولة هو الذي سيقوم بالعملية الإنشائية ورسم السياسات وهو الوحيد القادر على إدارة الشأن المصري، وهو مكون من عينة عشوائية من المجتمع المصري، وهو اليوم مفكك ويعيده للصحوة من جديد حركة شعبية تجعل النخبة الحاكمة عاجزة عن السيطرة عليه عن طريق العصيان المدني.

- **فماذا عن الضمانات الدستورية كالنص على تحديد مدة تولي رئاسة الجمهورية وغيرها؟**

  * النصوص ليست ضمانة.

- **وماذا عن القمع؟**

  * انتظر حتى تستكمل قدراتك. المجتمع مفكك ويحتاج لوقت قصير جدا ليعود لطبيعته.

- **فهل أنت مطمئن أم قلق؟**

  * قلق...وسبب قلقي أن التفكك حالة علاجها سهل نسبياً، بينما (في حال) استمرار الوضع على

ما هو عليه، هذا الذي تَفكَّك قد يتحلل، وعندئذ تحتاج لوقت أطول.

- **فهل الحركة الإسلامية وهي تشكل القوة السياسية الأكبر لديها الوعي الكافي بالوضع؟**

* الحركة الإسلامية درجة وعيها ليست كافية، والإخوان المسلمون دائماً قدرتهم أكثر من حركتهم، وفعلهم – على مدى تاريخهم – وهذا عيب قديم ولم يزل.

- **فأين باب الأمل؟**

* "لله في كل نَفَس ألف فرج".

والسلطة في مصر بقيت 6 أشهر معروضة في الطريق، والحكومة لا تستطيع حكم البلاد، من حريق القاهرة (26 يناير 1952) حتى 23 يوليو 1952، ولم يفكر الإخوان ولا الاشتراكيون ولا الوفد في أخذها.

وانتهى الحوار